Do original da língua inglesa
THE STORY OF BABY JESUS
© C.R. Gibson Company

Revisado conforme a nova ortografia

14ª edição – 2010
10ª reimpressão – 2024

Tradução: *P. Abramo*
Revisão de texto: *Paulinas*

Nenhuma parte desta obra poderá ser reproduzida ou transmitida por qualquer forma e/ou quaisquer meios (eletrônico ou mecânico, incluindo fotocópia e gravação) ou arquivada em qualquer sistema ou banco de dados sem permissão escrita da Editora. Direitos reservados.

Cadastre-se e receba nossas informações
paulinas.com.br
Telemarketing e SAC: 0800-7010081

Paulinas
Rua Dona Inácia Uchoa, 62
04110-020 – São Paulo – SP (Brasil)
📞 (11) 2125-3500
✉ editora@paulinas.com.br

© Pia Sociedade Filhas de São Paulo – São Paulo, 1990

Alice estava ocupada
Com uma festa especial.
Ajudava a decorar
Grande árvore de Natal.

Na véspera fora à igreja
E a muitos deu presentes.
Depois, pôs-se a ler um livro
De histórias da Bíblia, contente.

Abriu o livro pra ler
Sobre o Natal — linda história!
Ela queria entender
De Jesus a vida e a glória.

Aí, ouviu bater, de leve:
Toc, toc, na janela.
Era um pombo-correio,
Trazendo uma carta pra ela:

"Ler é a chave que a vai levar
Aonde você quer estar."

E logo seu livro de histórias
Mudou-se em enorme tela.
Alice, querendo passear
No Mundo da Bíblia, entrou nela.

Ela estava pra ser mãe
Talvez nesta mesma noite.
Mas não havia lugar
Em Belém para o pernoite.

Maria parecia cansada!
Então, alguém, por piedade,
Ofereceu uma gruta
No arrabalde da cidade.

Não muito longe da gruta,
Uns pastores, com temor,
Viram descer do céu um anjo,
Cheio de grande esplendor.

"Não tenham medo! Eu lhes trago
Boas notícias do Divino.
Nesta noite, em Belém,
Nasceu Jesus, Deus menino!"

E logo ao anjo se junta
Um coro, muitos mais,
Louvando a Deus, o Senhor,
Com suas vozes celestiais.

"Glória, glória nos céus,
Glória a Deus, o Senhor!
E paz na Terra aos homens,
Por esse presente de amor!"

Foi cessando aquele canto
De lindos louvores a Deus.
Voltaram rumo às estrelas,
Que enfeitavam os céus.

"Pra adorar o Deus Menino
A Belém vamos contentes!"
Assim corriam os pastores
Pela noite reluzente.

Lá na gruta encontraram
Jesus, de Maria nascido,
Criança maravilhosa,
Nosso Deus tão escondido.

Encantados, os pastores
Ajoelham-se, ao redor.
Como o anjo tinha dito:
Deus é um presente de amor!

Maria o chamou de Jesus
Com seu carinho materno,
E envolveu com um manto
Seu filhinho, frágil, terno.

Os pastores divulgaram
A vinda do Salvador,
E que ele iria mudar
O mundo, com muito amor.

No Oriente, a estrela brilha
Noite e dia, com esplendor.
E os três sábios descobriram:
Havia nascido o Senhor.

E seguindo aquela estrela,
Sabiam que iam encontrar
O Senhor recém-nascido,
Que eles queriam adorar.

A estrela os levou a Belém,
Sobre a gruta foi parar.
Lá encontraram a Criança,
Não paravam de a admirar.

Os sábios se ajoelharam
Diante do Rei recém-nascido.
Estar lá fazia o coração
Sentir júbilo incontido.

A Jesus deram presentes,
E, depois, foram embora.
Maria guardou na memória
O esplendor daquela hora.

Chegou então o momento
De Alice sair da tela.
Trouxe do Mundo da Bíblia,
Aquela imagem tão bela.

Alice pensou nos pastores,
Na estrela, com seu esplendor.
Pensou nos sábios, lembrou
Do eterno presente de amor.

O grande Rei tão pequeno,
Os anjos cantando sua glória.
Alice tinha entendido
O sentido da linda história.

Alice correu bem cedinho
Para a árvore de Natal,
E cantou pra sua família
Uma canção especial.

"Glória ao Senhor lá nos céus,
Que a todos nós conduz!
E nos deu, em seu amor,
Seu filho amado, Jesus!"

"A Jesus, neste Natal,
Glória a todo momento.
Um feliz aniversário,
Um alegre nascimento!"

ALICE NO MUNDO DA BÍBLIA

Novo Testamento

A história da multiplicação dos pães e dos peixes
A história da ovelha desgarrada
A história da Páscoa
A história de Jesus e seus discípulos
A história de Paulo
A história do Bom Samaritano
A história do Filho Pródigo
A história do Menino Jesus
Pai-Nosso
Preces e ação de graças

Rua Dona Inácia Uchoa, 62
04110-020 – São Paulo – SP (Brasil)
Tel.: (11) 2125-3500
paulinas.com.br – editora@paulinas.com.br
Telemarketing e SAC: 0800-7010081